CW00505134

Entretien
avec Fabienne Verdier

Charles Juliet

Entretien avec Fabienne Verdier

Albin Michel

Oisif et sans entraves, 2001

Approche

PAR CHARLES JULIET

J'ai à parler de l'œuvre de Fabienne Verdier, et comme son geste quand elle peint est tout de spontanéité, il me vient l'idée d'écrire ce texte en usant d'une même spontanéité. Plutôt que d'être soucieux de rigueur et de logique, je vais me contenter de laisser apparaître sur la page ce qui veut se faire jour. Errances méditatives d'une pensée qui peut être claire dans ses approches mais incertaine dans ses prises. Car ce qu'il y a lieu de dire, comment le dire ? Comment le faire entendre ? C'est si simple et pourtant si compliqué. Pour le lecteur, c'est simple à comprendre s'il a l'intuition de ce que c'est. Mais tout se complique si cette intuition fait défaut et s'il devient nécessaire de disséquer, d'expliquer, de montrer l'extrême complexité de tout ce qui entre en jeu dans l'acte de peindre.

Fabienne Verdier a reçu de nombreux dons en partage, ces dons grâce auxquels une personne peut devenir un(e) artiste d'envergure : énergie, sensibilité, intelligence, richesse intérieure, besoin de créer, besoin de s'explorer, besoin de rechercher sans relâche l'illimité et le plus intense – ces différentes forces, ces différentes sources se fondant en une passion entière, indomptable, celle qui donne le courage de surmonter toutes les difficultés, de consentir à la solitude, d'entrer dans la longue patience...

À vingt-deux ans, Fabienne part pour la Chine et va rester plusieurs années au Sichuan, une région reculée, proche du Tibet. Un exil qui la coupe de ses racines et la propulse à des milliers de kilomètres de chez elle.

Quand elle arrive à destination, elle ne trouve rien de ce qu'elle est venue chercher. Tout lui est hostile : les conditions de vie, la nourriture, l'entourage, jusqu'à ce maître devant la porte duquel elle dépose chaque soir ses travaux et qui ne répond que par du silence. Mais sa détermination est sans faille et rien ne la rebute. Qu'importe les privations, les sacrifices, les murs de l'indifférence, elle se replie sur elle-même, fait appel à ses ressources,

12

s'acharne au travail. Longues et obscures années d'apprentissage, d'échecs, de maigres réussites.

Pendant la Révolution culturelle, pour qu'ils ne puissent plus pratiquer leur art, on coupait la main des calligraphes tandis que des écrivains éminents étaient persécutés, humiliés, maltraités, parfois tués. Quand Fabienne est arrivée, la Révolution avait pris fin depuis déjà quelques années, mais les artistes continuaient de se cacher. Le maître qu'elle avait pu trouver vivait en clandestin et ne voulait plus transmettre son savoir. Il le voulait d'autant moins qu'elle était une femme, de surcroît une étrangère. La calligraphie n'est pratiquée que par des hommes, et dans la mesure où Fabienne n'avait pas été façonnée par la culture chinoise, il pensait qu'elle ne pourrait jamais s'initier à cet art. Mais après plusieurs mois, l'obstination de Fabienne s'est révélée payante, et un jour, maître Huang Yuan est venu frapper à sa porte. « Je veux bien aller plus loin avec toi, mais je te préviens, cela durera dix ans. Donc c'est soit dix ans, soit rien. »

Apprendre à se concentrer, apprendre à tenir et mouvoir un pinceau, apprendre à reproduire les modèles avec grande exactitude, apprendre à voir, à discerner des nuances excessivement subtiles, la technique de l'art du pinceau exige un long apprentissage.

Une fois acquise une certaine technique, le novice doit étudier les œuvres des grands maîtres, s'exercer à découvrir en quoi elles sont majeures.

Dans un troisième temps, sa personnalité, qui jusque-là avait été jugulée, peut commencer à passer dans les caractères qu'il trace. Cet apprentissage, inévitablement marqué par des périodes de découragement, dure des années. Encore faut-il que l'élève se montre opiniâtre et exigeant avec lui-même.

Consciente des difficultés qu'elle aurait à affronter, Fabienne pensait que maître Huang Yuan allait d'emblée la mettre au travail, un pinceau à la main. Elle se trompait. Ses premiers exercices ont consisté à contempler un paysage pendant des heures. Dans une immobilité méditative, elle avait à observer avec acuité et précision ce qu'elle avait devant elle, puis à enregistrer ce qu'elle observait, ce qu'elle percevait, ce qui survenait dans son for intérieur. Mais comment être présent à soi-même quand la pensée est constamment envahie et

14

brouillée par des émois, des désirs, des idées, des projets, des souvenirs..., tout un flux quasi continuel dont il fallait également prendre conscience. Ainsi a été enclenché, ou plutôt s'est poursuivi d'une manière plus active, le lent processus de la connaissance de soi.

Qui suis-je ? Sans le savoir, Fabienne a peut-être choisi d'étudier la calligraphie et de séjourner en Chine pour pouvoir répondre à cette question.

Ainsi, au départ, une radicale solitude. Un redoutable face-à-face avec soi. Et les signes calligraphiques comme un miroir où se découvrir, se révéler à soi-même. Car se connaître est essentiel. Si on ne se connaît pas, on reste soumis aux conditionnements issus de l'enfance, de la famille, de l'éducation reçue, du milieu social où l'on a grandi, de la personnalité dont on a hérité ou qui nous a été imposée. Prendre conscience de ces conditionnements, c'est s'en libérer, et aussi ne plus vivre dans la prison du moi et de l'égocentrisme. C'est pouvoir devenir soi-même et pouvoir penser par soi-même. C'est agrandir son espace intérieur, se découvrir de nouvelles énergies, de nouvelles potentialités. C'est avoir un autre rapport à soi-

*même, aux autres, au monde, pouvoir enfin
pleinement vivre ce qu'on a à vivre.*

*En Chine, après être passée par la mort,
Fabienne est née une seconde fois. Et cette
naissance, en l'ouvrant au grand large, a fait
d'elle une artiste apte à œuvrer dans la grande
dimension.*

*L'être qui a eu à vivre la mort à soi-même
a été dépouillé des illusions, des prétentions,
des simagrées du moi et a atteint une certaine
impersonnalité. Il est simple, modeste, il aime
le silence, le retrait, se tient au contact de ses
ressources et à l'écoute de sa nécessité. Après
s'être éprouvé, il ne craint plus de s'abandon-
ner au non-vouloir, de s'immerger dans la tié-
deur de la source. Se lover au plus intime de
soi est même ce qui est recherché. En peignant,
c'est aussi très exactement ce que recherche
Fabienne. Être un – soit n'être plus divisé, ne
plus souffrir de la dualité – est une jouissance
extrême. Qui a connu cette jouissance ne cesse
plus de vouloir la connaître à nouveau. Toutes
limites abolies, reployé en son centre mais
ouvert au monde, l'être se trouve projeté hors
du temps, et la vie qui soudain surabonde le
submerge d'un amour sans raison.*

Quand son maître Huang Yuan lui avait déclaré que son initiation-apprentissage durerait dix ans, Fabienne aurait pu se raviser. L'idée de passer les meilleures années de sa jeunesse dans des conditions particulièrement rudes n'avait rien de séduisant. Mais elle n'a pas reculé. Tel était son désir d'apprendre qu'elle a accepté ce pacte sans sourciller. Toutefois, après avoir acquis une bonne maîtrise de l'écriture calligraphique, elle a ressenti le besoin de se tourner vers une autre aventure. Reproduire des signes sur une feuille de papier lui paraissait un exercice quelque peu répétitif et limité. Elle voulait pouvoir se déployer, courir des risques, se mettre en danger en se confrontant à de plus âpres défis. Aussi a-t-elle décidé de se consacrer à la peinture. S'il était relativement facile de maîtriser l'étroite surface d'une feuille de papier de modeste dimension, il n'en allait pas de même quand il s'agissait d'animer l'espace d'une toile de grand format. Il y fallait plus d'énergie, plus d'audace, plus d'invention. Ce qu'en cette occasion son maître lui avait dit, elle ne l'a jamais oublié : « Si tu veux devenir peintre, un peintre qui invente un langage et qui compte, alors il faut que je t'initie à la poésie, à la philosophie et à notre art de vivre. »

La décision prise a entraîné trois conséquences. Pour peindre, elle devait mettre en œuvre des moyens plus importants, lesquels conduisaient à penser la peinture différemment. En second lieu, elle devait créer des formes libres de tout modèle qu'elle ne pouvait tirer que du profond d'elle-même. Troisièmement, elle devait imaginer leurs contours, leur étendue, leur répartition dans l'espace, déterminer également la couleur du fond sur lequel elles se détacheraient.

Depuis plusieurs années, Fabienne se considère avant tout comme un peintre. Un peintre qui reste attaché à la calligraphie et qui, au grand dam des tenants de la tradition, s'emploie à la faire évoluer.

Fabienne se prépare à peindre. Cet instant a été précédé par une méditation qui lui a permis de se rassembler, de s'unifier, de rejoindre sa source. Hissée à la pointe d'elle-même, concentrée et détendue, intense et détachée, libre de la crainte d'échouer et de la volonté de réussir, elle enchaîne avec maîtrise et sang-froid une succession de gestes qui libèrent l'énergie amassée. L'encre a fait apparaître des formes qui ne tolèrent aucune reprise, des figures elliptiques et vigoureuses dans lesquelles elle a coulé son ascèse, sa liberté, son innocence, sa connaissance, sa sérénité, sa clairvoyance, les richesses qu'elle a tirées de ses rencontres, de ses lectures, de sa fréquentation des œuvres du passé, de son amour et de sa contemplation de la nature, à quoi s'ajoute sa recherche de l'excellence, de la perfection, de l'impérissable – une quintessence de haute densité où brûle en secret la flamme voilée de son incandescence.

Je me trouve devant une toile. Soit le triptyque accroché en permanence sur un mur de son atelier. Un don m'est fait que je dois mériter en sachant l'accueillir.

Le regard saisit l'ensemble en un éclair et je pense : c'est cela, tout est en place et à la juste mesure, c'est exactement ce que cela doit être. *La toile s'impose à moi avec autorité et son énergie passe en moi, éveille, excite ma réalité interne, avive ma sensation de la vie. Ce qui m'est donné est plus qu'un plaisir, plus qu'une émotion. Je suis remué dans ma région la plus centrale, ma part la plus intime, la plus vitale.*

La lecture s'approfondit. Je remarque la teinte du fond, d'une qualité rare, précieuse, fond sur lequel se détachent des formes noires, aux contours qu'on ne peut décrire. Je note leurs surfaces, leurs orientations, leurs situations respectives, les espaces qui les séparent. Un ordre, un équilibre souverain que seul(e) peut créer un(e) artiste qui a atteint l'« art sans art » − un art qui naît de l'oubli des règles, hors de toute intention, de tout vouloir, un art qui semble s'engendrer lui-même, sans qu'ait à intervenir celui ou celle dont il naît.

Ce paysage abstrait me convient, me parle d'autant plus qu'il ne me renvoie à rien que je connaisse. Imparticularisé, se situant dans l'universel, il se déploie avec une ampleur sans limites. Il a surgi d'un être qui a puisé à même sa racine, et en me réenfouissant dans ma racine, il m'a dilaté, intensifié, m'a mieux fait prendre conscience de moi-même, de ma source, de l'importance de la vie.

Ma contemplation se poursuit. Je sais que quelques gestes instantanés ont suffi pour enfanter cette œuvre, et je sais aussi qu'elle est l'aboutissement d'un long parcours, d'un travail acharné. La spontanéité recherchée ne s'acquiert qu'après des années de labeur. D'abord fougueuse, incontrôlée, elle est devenue réfléchie, maîtrisée, et c'est elle qui permet que dans un total oubli de soi le peintre projette sur la toile, en un bref laps de temps, l'énergie dont il s'est préalablement chargé.

En affinant ses perceptions, en captant en elle les moindres frémissements, Fabienne est parvenue à avoir une connaissance aiguë de son activité intérieure. À la faveur de maintes métamorphoses, elle a éliminé des tensions, des raideurs, des inhibitions, leur a substitué de la souplesse, de la fluidité, donnant ainsi à la main la possibilité d'agir en toute liberté, d'obéir à la moindre sollicitation.

Je pense à des peintres que j'aime et dont les œuvres me touchent : Cézanne, Matisse, Morandi, Giacometti, Bram Van Velde... Bien que leurs parcours, leurs personnalités, leurs œuvres, leurs styles de vie aient été très différents, ils me semblent faire partie d'une même famille. Car si l'on réfléchit un tant soit peu, on découvre qu'ils ont plusieurs points communs, pour étonnant que ce soit.

Tous ont été possédés par une même passion. La passion de peindre – et aussi de sculpter quand il s'agit de Giacometti. Une passion à laquelle se mêlait le besoin d'intensifier la vie, de se connaître, d'atteindre à cette unité intérieure qui les livrait à une jouissance de soi sans égale.

Tous ont été longs à conquérir leur liberté, à se découvrir, à devenir eux-mêmes.

Tous ont vécu en retrait, concentrés, solitaires, à l'affût de ce qui se déroulait en eux, se tenant prêts à accueillir ce qui, à tout instant, pouvait les solliciter.

Tous ont été contraints de se soumettre à une discipline de vie stricte.

Tous ont été taraudés par le besoin d'aller toujours plus loin, de créer des œuvres où leur personnalité s'affirmerait toujours mieux.

Tous ont été des forcenés patients, résolus, des êtres en qui dialoguaient passion et lucidité, ferveur et rigueur, émotion et connaissance.

Tous ont cherché, leur vie durant, avec un inusable acharnement, à s'approcher de ce qu'on peut nommer Dieu, l'Absolu, le Suprême, l'Impérissable, l'Intemporel, l'Ineffable...

Quand je songe à eux, il me vient immanquablement à l'esprit un quatrain de Jean de la Croix, ce mystique castillan qui était aussi un poète, quatrain figurant dans Le Cantique spirituel :

« *Pour toute la beauté*
jamais je ne me perdrais
mais bien pour un je-ne-sais-quoi
que l'on atteint d'aventure »

Ce je-ne-sais-quoi est un état de vastitude auquel on n'accède que par le non-vouloir, la passivité, un total abandon à ce qui veut noyer la conscience. Instants de félicité, de jubilation, d'extase, durant lesquels l'être se trouve arraché au temps et à la mort. Instants de surabondance où ruisselle l'énergie, où s'épanouit un amour apte à tout embrasser et tout comprendre.

Rares sont les êtres brûlés par le besoin ardent de faire grandir la flamme, et peu nombreux sont les peintres appartenant à la famille évoquée ci-dessus. Mais ce que je sais de Fabienne me convainc qu'elle se situe dans leur filiation, qu'elle est en voie de s'intégrer à cette singulière famille.

En intervenant en elle-même, Fabienne a dégagé de sa gangue une exigence morale innée, de sorte que, pour elle, éthique et esthétique sont indissociables. D'ailleurs, on peut supposer que dès le début de son parcours, sa résolution de pratiquer la peinture et son besoin de se connaître avaient partie liée. Se connaître pour se dépouiller, se clarifier, s'unifier, se perfectionner, aller toujours plus avant dans la recherche de l'excellence. Ce travail exigeant qu'elle poursuit en elle-même est évidemment d'ordre spirituel, et j'écris ce dernier mot avec appréhension, tant de nos jours il paraît incongru à beaucoup. Qu'importe. Si l'artiste d'aujourd'hui vit et travaille en accord avec les constantes qu'au cours des âges on peut repérer dans l'être humain, il est assuré de ne pas se fourvoyer, quel que soit par ailleurs son isolement dans le paysage de l'art contemporain.

En Chine, dès les premiers siècles de notre ère, les lettrés-peintres-calligraphes ne concevaient l'art qu'en fonction d'une démarche spirituelle. De nombreux écrits en font foi.

Mais quel mystère que l'art, quel mystère qu'une œuvre, quel mystère que cet échange qui s'opère entre elle et celui qu'elle pénètre ! Et combien pauvres paraissent les mots qui voudraient en rendre compte, tenter de faire reculer l'ineffable.

Plus haut, j'ai parlé de don à propos de cette œuvre qui m'a imposé de rester un long moment en silence devant elle. Gratitude à Fabienne Verdier pour ce don que j'ai reçu, *pour cette toile qui m'a permis de connaître un tel instant de plénitude. Rien ne pouvait mieux préluder à l'entretien que nous allions aussitôt entreprendre.*

Entretien

AVEC FABIENNE VERDIER

Lors d'un voyage au Japon, j'ai eu l'occasion de rencontrer un calligraphe et de passer plusieurs heures avec lui. Pendant de longs moments, nous avons contemplé en silence des rouleaux qui avaient été calligraphiés par des maîtres de la Chine ancienne, rouleaux rares et précieux qu'il manipulait avec le plus grand soin. Je doute d'avoir su les apprécier comme il aurait fallu. Du moins les ai-je contemplés avec grande attention, cherchant à discerner ce qui constituait leur valeur.

Une traductrice m'accompagnait et j'ai pu m'entretenir avec lui. Quand il m'a dit qu'il fallait une trentaine d'années pour qu'un calligraphe se forme, je n'ai été qu'à moitié surpris. Je sais combien la route est longue pour qu'un artiste devienne lui-même et soit en possession de ses moyens d'expression. Après avoir appris, il faut savoir désapprendre.

Désapprendre pour parvenir à une totale liberté intérieure. Vous, Fabienne, pensez-vous avoir conquis cette liberté que tout calligraphe se doit d'atteindre ?

On ne conquiert pas cette liberté-là, elle naît en vous un matin d'hiver.

Je n'ose pas dire « calligraphe ». Finissons-en avec cette appellation prétentieuse qui ne donne pas à entendre la formation que j'ai reçue auprès des vieux maîtres chinois. Je pratique cet art martial depuis l'âge de vingt ans pour servir l'être que je suis devenue et la peinture. Ma formation fut redoutable, longue et douloureuse. J'ai raconté tout cela dans *Passagère du silence*, le récit de mon parcours initiatique en Chine pendant dix ans.

Vous avez raison, il faut bien trente ans de pratique acharnée pour ressentir l'amorce d'une libération du corps et du mental à l'œuvre. Je découvre seulement ces premières saveurs inestimables dans l'acte de peindre. Combien de morts, combien de renaissances m'a-t-il fallu traverser pour qu'une once de liberté, d'authenticité et de vérité apparaisse au bout de mon pinceau. Les métamorphoses ont été violentes, les constructions de chrysalides nombreuses, avant que je devienne ce papillon butinant l'instant !

La liberté coûte cher à l'être en quête de... Parfois une vie de travail n'y suffit pas. Apprendre et désapprendre sans cesse. Une fonction vitale.

C'est maintenant un exercice évident. Une vélocité mentale que j'ai acquise au cours des années. J'accueille une donnée, elle me traverse, elle est vécue par le corps et l'esprit. Au bout d'un certain temps, elle se stratifie en moi et se trouve intégrée à ce que je suis. Elle m'a modifiée, et j'ai appris non à désapprendre mais à me changer, à me transformer. À continuer d'acquérir une nouvelle connaissance, encore et toujours. Comme la plante a besoin d'eau pour vivre, se construire et grandir. Finalement une banale histoire de transit.

En fait, il ne faudrait pas parler de désapprendre puisque la pensée acquise est devenue une part de vous-même. Il importe de se détacher et de continuer.

Il est certain que nous sommes grandement modifiés par l'apprentissage. L'accomplissement, la libération tant recherchée survient un petit matin au cœur de l'ascèse, à notre insu, de manière subite. Alors tous les éléments dérangeants se dissipent, une clarté se fait et la concentration est là, reine-mère de tous les possibles. Le pinceau libre s'en va sur la toile avec une absolue tranquillité. Un agir efficace s'effectue et le trait advient « juste comme il faut »...

Ce « je ne sais quoi » dans la mise en œuvre est intransmissible. C'est le mystère de la peinture, une connaissance intuitive que je découvre dans l'acte même.

Vous connaissez n'est-ce pas ce beau petit livre remarquablement écrit : Le Zen dans l'art chevaleresque du tir à l'arc. *Dans les années 1920, l'auteur, Eugen Herrigel, était parti au Japon pour apprendre l'art du tir à l'arc. Il pensait qu'après s'être exercé pendant quelques semaines, cet art n'aurait plus de secret pour lui. Mais il a dû déchanter. Les semaines d'exercice s'ajoutant aux semaines, puis aux mois, il n'est rentré du Japon qu'après y être resté plusieurs années. Tirer à l'arc n'est donc pas une chose aussi simple que ce qu'on peut croire. De même quand il s'agit de* peindre. Car peindre est un moyen de pénétrer en soi, de se découvrir, de prendre connaissance de tout ce qui dort ou s'agite dans le for intérieur, puis de figurer ce qui exige de prendre forme.

Fabienne, pour peindre d'un seul mouvement et en un bref laps de temps ces signes ou ces formes que vous faites apparaître sur la toile, il faut qu'en vous tension et détente s'équilibrent. Il importe donc que votre activité intérieure soit au repos, qu'elle ne vienne pas perturber la concentration que vous travaillez à obtenir. Je vous pose maintenant cette question toute simple : avez-vous de la difficulté à trouver le chemin de la paix intérieure et à être sans vouloir ?

Ami poète, je m'en vais vous répondre ce matin sans savoir où aller... Alors, j'erre dans le jardin à l'heure bleue du ciel, passant de pierre en pierre sur le sentier qui me mène à l'atelier. Dans l'apparente banalité du jour, je hume l'air frais, et qui vient me taquiner ? Des flocons de neige à profusion. Avec une sorte de gaieté première, j'accueille la neige. Je suis en béatitude, m'attardant à contempler les choses telles qu'elles sont. La plus petite manifestation ne révèle-t-elle pas la vérité tout entière ?

Voilà peut-être que le « être sans vouloir », c'est ce « laisser-aller comme la vie va »... C'est une disposition intérieure matinale de base pour la peinture. Suivre le destin, la respiration du jour, une adhésion totale à l'instant, à l'univers vivant.

Je me sens si proche de ce petit buste humain sur un socle en bronze de Giacometti, de cet homme solitaire marchant toujours d'un point à un autre sous la pluie, en marge totale des préoccupations dominantes, des modes de son temps. Il erre pleinement, sans aucun but, et j'aime ça.

Après cette sorte d'errance et une inspiration profonde, l'esprit délié, nourri par la réalité du jardin, je suis prête pour l'expiration profonde et la transmission possible au pinceau. La peinture, c'est une belle histoire de respiration.

Cela paraît si simple ! mais croyez-moi pour parvenir à « être sans vouloir », cela demande une activité intense, l'air de rien. La peinture exige cet autre état de conscience pour agir à partir de l'essence. Un sans-vouloir naturel, libéré de la pensée raisonnante, de la raison analytique, des dogmes moraux, des automatismes de perfection, de la préoccupation des apparences. Il s'agit bien de tout oublier de cet état d'être là. Tout oublier jusqu'à l'abandon du moi pour un temps. Oublier ce que l'on veut être, car c'est un frein au destin. Oublier ce que l'on croit être car c'est une prison qui ne nous laisse que peu de chances de découvrir nos territoires inconnus.

Teilhard de Chardin nous invite pourtant à « Être plus ». Le « non-vouloir », n'est-ce pas la pratique secrète de la recherche de « l'être véritable » dans une attitude première de « non-être » ?

Celui qui m'a fait comprendre cette idée ô combien déroutante – ce n'est que récemment que j'arrive à la mettre en pratique dans ma vie quotidienne –, c'est ce génial cordonnier d'un petit village en Allemagne du XVIIᵉ siècle, maître Jakob Böhme, qui dit : « Lorsque tu te tiens dans le repos du penser et du vouloir de ton existence propre, alors l'ouïe, la vue et la parole éternelles se manifestent en toi... »

Dans le beau livre que Nicole Vandier-Nicolas a consacré à Mi Fu, un peintre chinois du XIᵉ siècle, elle écrit à propos du « yi » qu'il doit être « rigoureux dans la négligence, mesuré dans l'outrance, nonchalant ou rapide, mais toujours infaillible dans sa prise ». Je suppose que vous ne pouvez qu'être d'accord avec cette définition.

Oui, bien sûr. Mme Vandier-Nicolas explique remarquablement bien ce qu'est le « yi », cette magnifique nonchalance du peintre.

On me dit souvent : « Un jour tu penses ceci, puis le lendemain son contraire. C'est insoutenable. » Mais le vent est-il en contradiction avec lui-même ? La pensée, les profondeurs de l'être ne sont-elles pas de même nature que le vent ? Ne sont-elles pas libres, selon les circonstances, d'aller où bon leur semble ?

Je n'ose vous décrire tous ces états que la peinture me fait traverser. Ils semblent paradoxaux et pourtant celui qui ne craint pas de paraître un vieux fou excentrique, celui qui a le tempérament ouvert à l'expérimental, celui qui ose explorer, éprouver tous les contrastes de sa nature intime, acquiert une certaine acuité intuitive. Il soigne par cette voie le pouvoir de sublimer.

L'écriture spontanée au pinceau, ne faut-il pas l'enrichir, la nourrir, lui offrir cette palette polyphonique inouïe de la variation de nos perceptions ?

L'inachevé d'une toile sollicite l'imagination, ouvre sur un possible devenir. Cherchez-vous parfois à ce que certaines de vos toiles donnent une impression d'inachevé ?

L'éclat du cerisier en fleur devant l'atelier est à en perdre la raison.

Veuillez pardonner mon égarement, je me suis absentée longuement à le contempler.

« L'inachevé » est la porte d'accès secrète au voyage poétique de la peinture. Si je m'engage dans une certitude, j'échoue lamentablement. L'encre n'écoute pas cette volonté-là. J'ai du mal avec la peinture imitative, je cherche plutôt la magie pure, la force évocatrice de l'esprit. J'ai encore plus de mal avec l'artiste qui transcrit la laideur par la laideur, la bêtise par la bêtise, la beauté par la beauté, la destruction par la destruction, la nausée par la nausée ! Comment solliciter la rêverie d'autrui par cette voie primaire ? Le début de l'aventure, c'est peut-être quand on n'a plus que son regard intérieur pour construire.

L'esprit est une puissance rayonnante, il est limpide et éclairant. N'a-t-il pas un fugace génie de suggestion ? Il passe, défile, illumine, vagabonde sans jamais se fixer.

Au-delà du « Je », qu'y a-t-il ? Des frontières indicibles... la vie sans limites où toutes les formes sont possibles.

« L'inachevé » est le principe même de ma peinture. Dans le flux du coup de pinceau, c'est le blanc volant au cœur du souffle. C'est le vide qui circule dans le plein du trait et qui laisse advenir la matière. Cette rupture entre poussière minérale de l'encre et vide au sein d'une dynamique influe sur la forme en devenir. Pour emprunter les chemins des blancs volants, « l'œil de chair » ne suffit pas, il s'agit de trouver « l'œil de l'âme ». C'est une sorte d'ébauche de la vision que vous avez.

L'impermanence n'est-elle pas la nature propre du vivant ? Les manques dans l'encre parlent de cette constance du changement.

La belle idée derrière cela, c'est que l'on n'impose pas la forme, elle est vécue et découverte par celui qui entreprend la balade du mouvement du trait dans son mental. Il a une expérience d'union à l'indéterminé, et vibre en suivant la trace seule. Le trait du tableau chante en lui, la résonance passe d'un coup de pinceau à l'autre, et son esprit contemplatif et réceptif relie de lui-même le tout. En cultivant ce principe vital, chaque œuvre a le pouvoir de vous régénérer, de vous fortifier intérieurement et de vous transporter vers une possible randonnée imaginaire.

Mais « qu'il est difficile d'être simple », disait Vincent Van Gogh dans une lettre à son ami Paul Gauguin. Il est vrai qu'en peignant l'existence des choses, on se sent en porte à faux.

En peignant la non-existence des choses, on se sent encore en porte à faux. Il faudrait embrasser l'unité indifférenciée, mais à nouveau ce n'est pas simple. Alors je cultive ma peinture en usant de ces rythmes aléatoires, de ces réseaux de l'esprit dans l'inachevé. Ni ceci ni cela... Mais quelque part par là ou par ici.

Il est dit dans le Tao Te King *qu'on naît vieux et qu'on meurt jeune. Dans le même esprit, Picasso estimait qu'il faut longtemps pour devenir jeune. Après toutes ces années de travail, êtes-vous devenue jeune ?*

En ce début de février, le jour se présente plus tôt à la porte. Le printemps se fait sentir et j'ai pu cueillir une première branche de cognassier. Pinsons et sitelles sont en conversation intense. Un vrai tintamarre ! Comment vais-je trouver le calme pour passer un moment avec vous ?

Ce n'est pas bien raisonnable, mais avoir le courage de quitter le temporel. Faire confiance à sa nature originelle. Tous les matins, l'oiseau chante, il babille avec le vent et la lumière. J'ai besoin de ressaisir ce langage de simplicité première.

Garder l'esprit neuf et vaste de l'enfant et tenir cette constance dans le temps. Il est ouvert à tout – vide – prêt à accueillir. Il a une richesse intérieure qui se suffit à elle-même. Aucune distinction entre le ciel et la terre, le bien et le mal, la beauté et la laideur. Tout a la même valeur dans son cœur.

Il est simplement UN avec tout ce qui existe. On met une vie à retrouver cet état premier.

Les vieux lettrés chinois m'ont enseigné une méthode pour y parvenir. Vous allez sourire... C'est d'« être nuage-et-eau », soit un pur esprit détaché. Ou bien ils me disaient souvent « nan de hutu », il est bien difficile d'« être dans l'égarement » ! En redevenant sot, simplet, on se débarrasse des effets desséchants et inféconds de la raison. On se déconditionne encore de la conscience. L'étude de la voie n'est pas qu'intellectuelle. L'initiation est difficile. En cultivant ce détachement, on bascule vite dans la clochardisation. Je deviens un peu bécasse, d'apparence maladroite et stupide. Hébétée presque devant la beauté du monde, tout entière dévouée à la vie contemplative. Négligeant parfois mon corps et la maison... Bref, l'oubli de soi est un état qui se dérobe à toute description rationnelle.

Malheureusement, cette éthique de neu-tralité, de détachement, n'est pas toujours comprise. Aux yeux du monde, cela peut passer pour de l'indifférence ou de l'égoïsme. Une souffrance dont il faut que je me débar-rasse encore. Avoir de la constance dans la vie ordinaire pour cet état d'hébètement n'est pas simple.

Sorte de mutisme tout absorbé dans le soi. Seulement ceci.

Mon passe-temps favori : cultiver cet invisible essentiel. C'est un idéal de perfectionnement moral. Tenter de vivre l'expérience de « l'homme de peu ». La saveur de l'insipide.

Pour la peinture, ma nécessaire conviction, c'est cet abandon pour laisser advenir. Retrouver ce cœur pur, naturel, celui de l'enfant. Abattre les frontières entre le soi et le vivant de toutes choses. Et alors, un échange incessant s'engage, extérieur-intérieur, un cycle naturel de revitalisation, d'auto-régénérescence incroyable.

Cette conscience est silence actif. Elle permet d'entretenir une jeunesse vitale.

Lorsque vous avez pris conscience de tout ce qu'exige la peinture, je suppose que vous avez traversé des périodes de doutes et de découragement. Mais maintenant, cette phase est dépassée. La maturité est venue. Vous n'êtes plus portée que par la nécessité de travailler et de vous accomplir. Parvenue à ce stade de votre parcours, connaissez-vous encore des périodes creuses, ces jours maussades où la source semble être tarie ?

Une mouvance de parfait cumulus se dessine derrière les branches du noyer à droite du toit de l'atelier. Le ciel nous offre aujourd'hui un Tiepolo. Que demander de plus ?

Il m'arrive bien sûr d'avoir des moments de désenchantement bien que je sois de nature plutôt enjouée, espiègle, voire guillerette le jour durant. Mais ne croyez pas que je maîtrise le doute. Non seulement je n'ai pas dépassé cette phase, mais je travaille en sa compagnie. Je suis bien misérable souvent, comme tout être en quête d'absolu.

Le doute est sans cesse présent dans ma routine quotidienne, c'est une saveur intrinsèque à la vie ordinaire de l'atelier.

Cette voix me questionne constamment, ne me laissant que peu de répit : Qu'en est-il du cheminement de cette toile ? Quelle profondeur et magie du vernis vais-je envisager pour la perception d'une réalité vibratoire ? La teneur de l'encre et son intensité lumineuse après séchage ? Comment traduire la couleur de l'atmosphère, cette inconnue ? L'éclat du pigment ? Faut-il rajouter à la matière un medium opacifiant ? Quand le soleil brillera-t-il gaiement dans le jardin pour dresser ma toile et avoir une bonne siccativité de la peinture ? L'obscur secret de la charge d'encre du pinceau ? La puissance et l'influence de la gravitation sur l'acte de peindre ce jour-là ? L'énigme du cours de minéralisation de l'encre liquide de l'œuvre ? Comment monter en percées de mystère les couches et sous-couches du fond ? Ne faudrait-il pas trouver l'ossature d'un corps de fond de toile céleste pour soutenir la puissance aléatoire de la forme naissante ? Les phénomènes d'embus qui me tracassent tant, car je ne sais quand et d'où ils viennent ? Le secret des vernis, miroir du monde, rêve de créer des couches de particules invisibles et sensibles aux reflets du mouvant ?

Combien de batailles absurdes, seule dans l'espace de l'atelier, à combattre les myriades de poussières qui viennent perturber la clarté des vernis ? Faut-il opérer une destruction de l'œuvre et accepter la retraite ? Il s'agit d'orchestrer à chaque instant tant de données pour que l'alchimie de la peinture s'opère comme un petit miracle d'accomplissement.

Peindre, c'est aussi ces tâtonnements en proie à une multitude d'appréhensions secrètes. Mille chemins sont concevables à chaque seconde, mais vous allez choisir celui-là plutôt que celui-ci. Je suis comme un pêcheur dans sa barque, en fragile équilibre, seule au milieu d'un vaste espace, un coup de rame à droite, un coup de rame à gauche...

Une conviction m'anime pourtant et me dicte mon destin. Face au vent, ballottement incessant, violence des clapotis, chavirement à tous moments envisageable selon les intempéries du jour. Néanmoins, je cherche à rétablir instinctivement « l'axe juste » en ramant toujours et encore. Les traversées de l'être et du vivant ne sont pas de tout repos.

Parfois aussi, la compréhension limpide de la réalité me quitte. Je parcours alors une étendue aride. C'est le temps de l'épuisement, de l'abattement. Sans doute un passage à vide, sorte de dépression. Une fatigue profonde où je n'ai plus de substance à donner. Après avoir peint de très grandes toiles, je gis au sol, en hypotension vertigineuse, 7/3, 7/6, à côté du pinceau...

Là, je sens que je dois mettre mon corps en jachère. Mon champ intérieur ne peut plus produire de plantes nutritives. La source est effectivement tarie. L'esprit n'a plus d'appétit au travail. Alors commence le jeûne, une période d'abstinence.

Le plus dur, c'est de s'accommoder de nos faiblesses devant la tâche immense à accomplir. Savoir se retirer doucement, simplement, sans faire de bruit. L'apaisement, la musique du silence, la lumière, un espace de régénérescence nécessaire à la revitalisation du corps et de l'esprit. Dès que l'on sent l'effort à l'œuvre, il faut s'arrêter, car le tableau suintera le labeur et la mort. Dans ces jours maussades, ces moments de désarroi intense, je me demande même si tout cela vaut la peine ? Si cet acharnement dans la répétition infinie de l'acte de peindre n'est pas pur masochisme ? Et si toutes ces tentatives de transmission de la vie n'étaient que vanité ?

Le mouvement interne, ce baromètre de l'être, n'est pas toujours au beau fixe. Il a même une maligne constance au changement incessant. La constance de l'impermanence. Alors je sacralise l'attente. L'attente du retour d'une ferveur à peindre où l'impossible est balayé d'un coup de pinceau par une vacuité retrouvée. Puis, un matin, quelle douce allégresse quand le nuage se dissipe et que la main retrouve la foi.

Il me semble que le doute est nécessaire, c'est dans ma nature, il se consume en moi tout en brûlant les impuretés. La pensée est comme un paysage d'hiver, il faut que les brumes matinales se dissipent pour que réapparaisse une vision claire. De ces remises en question permanentes que vous ne connaissez que trop bien, vous l'ami poète, ne se dégage-t-il pas une forme de vérité ?

Le cercle est une figure de la perfection et de l'infini. Dans votre livre, vous dites que « pour les Tibétains comme pour les tribus africaines, les vieux philosophes du Moyen Âge ou les maîtres zen, le cercle est la figure centrale : vide nourricier, plénitude première, lieu de naissance de tout ce qui est ». Pour vous, que représente cette figure ? Vous sert-elle de prétexte à méditer ?

J'ai toujours été particulièrement intéressée par un cercle tracé d'un seul mouvement par les grands maîtres chan. Ils méditaient sur cette figure comme trace ultime de la réalisation de soi. Un instant d'illumination. Ils étaient capables d'interpréter la vacuité et l'achèvement dans une spontanéité première.

J'ai eu envie de vivre l'expérience moi-même. À l'époque leur œuvre ne dépassait pas les quarante à soixante-dix centimètres de large des laies de papier. Avec la construction du nouvel atelier, j'avais enfin le grand pinceau au cœur de la chapelle, je pouvais me mettre au travail. Mon intuition était de créer dans la mesure du possible de grandes pièces pour rechercher le choc de l'expérience vécue. Je sais que quelques peintres américains ont abordé ce thème du cercle dans les années cinquante, tels Jasper Johns, Kenneth Noland, Morris Louis ou Franz Kline, mais pas comme je l'envisageais.

Une inquiétude, un doute me taraudait, suis-je prête pour un tel exercice ? Ne vais-je pas tomber dans un langage trop extrême-oriental, moi qui aspire de tout mon être à transmettre l'essence d'une réalité universelle ?

Cette mystérieuse figure du cercle habitait pourtant sans cesse mon esprit, la forme la plus métaphysique qui soit, sans début ni fin. Elle génère une plénitude active qui m'attire comme un aimant, une attraction physique presque. J'ai longtemps été en attente d'un signe du ciel qui me donnerait la voie à suivre.

Un matin, parcourant du regard la retenue d'eau à droite de la porte d'entrée de l'atelier (l'entrée basse sous le noyer) que vois-je ? Un têtard sautant dans l'eau, le clapotis de son plongeon a engendré une onde, un cercle parfait. La beauté de la chose m'a stupéfiée... Par l'éveil à la vie qui se dégageait de la scène. Le sourire au cœur, je me suis mise à broyer mon encre et à entrer en ascèse de peinture pour plusieurs mois sur le sujet.

Pour finir cette anecdote, bien plus tard, quand j'ai osé garder le premier cercle, j'étais dans un grand doute. Je me disais : il n'est peut-être pas assez ceci, pas assez cela. Triste et désemparée devant mon incapacité à traduire la totalité de mon intuition. Et sortant de l'atelier, une fine pluie faisait danser sur l'eau des myriades de cercles parfaits ! J'étais submergée de bonheur. Un enchantement qui me rassurait sur l'infinie possibilité des manifestations. C'était beau. Depuis ce jour, plus jamais je ne me suis posé de questions. J'entre maintenant en travail suivant les métamorphoses qui s'opèrent en moi. Toujours singulières, et pourtant, naissant d'un principe constant.

Au centre du cercle, j'ai la sensation d'être à l'endroit même du non-manifesté en cours de gestation. Dans ce maelström animé, j'aspire à une dimension autre, mais je ne sais la décrire. Dans le vécu du tourbillon, ce renouvellement constant, je sens une cohésion très puissante, envoûtante même, entre l'âme, le corps et le ciel. Et cela dure quelques secondes...

Le fruit de ce long travail est comme la révélation d'une connaissance immédiate qui me dépasse. En peignant cet élément vital, je suis subitement au cœur de l'instant. Bien dans mon temps, et pourtant hors du temps ? Comme si cet « ici » était devenu le « maintenant éternel ». Comment dire cet inexprimable que la peinture me fait vivre ? La peinture du cercle devient « rituel ». Un acte magique qui lie l'homme au ciel et à la terre et je me noie éperdument dans ces retrouvailles. Comme les derviches tourneurs, je suis dans le mouvement de tout ce qui se meut. Le grand poète du soufisme, Maître Rûmî, parlait de la « circumambulation de l'âme ».

Quand on pénètre dans votre atelier, on trouve sur le mur de gauche un grand triptyque. Un fond brun avec des formes noires. Au premier regard, cette œuvre m'a donné l'impression d'une totale réussite. Quand l'avez-vous peinte ? Quels rapports avez-vous avec elle ? Que représente-t-elle pour vous ?

Quel bonheur intense de vous voir frémir devant ce grand paysage abstrait. Je l'ai peint au printemps 2006. Il se nomme *Tectoniques*. Vous me confortez dans l'idée un peu folle qu'il est possible de transmettre en peinture le fruit d'une contemplation intérieure. Une perception immédiate, un choc-stimuli qui pourrait atteindre le subconscient et les sens de celui qui regarde.

Mon rêve de petite fille se réalise là, peindre le paysage dans lequel je m'égare... Je marche sur la toile en compagnie de mon immense pinceau et me laisse traverser par les puissantes forces telluriques qui surgissent de je ne sais où. Les chemins que j'emprunte sont faits de méandres ondulants et sinueux, pourquoi ? Sans esquisses préliminaires, c'est au cœur de l'être que je trouve le paysage.

Ce que je peins coule de moi comme un reflet de la réalité. Les soucis de vraisemblance ne m'importent pas. Seule m'anime la puissance expressive du panorama. Ma quête se porte sur la teneur de la forme, la réverbération du sens, sa valeur spirituelle plus que la forme elle-même. Je n'interprète pas l'esprit de la montagne devant la montagne en plantant mon chevalet sur le site comme Paul Cézanne. Je me plante au centre du tableau pour vivre l'expérience réelle de la genèse d'un paysage.

Après « rumination », « digestion » de nombreux instants méditatifs, je crée un nouvel ordre vivant né d'une compréhension secrète de mon alchimie. Il faut attendre parfois longtemps une instance favorable pour donner vie à ce geste qui « aille de soi ». Je monte sur les hautes cimes pour saluer le ciel. Je redescends dans la vallée pour parler aux arbres. Je compose des va-et-vient, vie extérieure-vie intérieure, avec la peinture pour seule amie. Je ne sais plus la différence entre la réalité et la vision de l'esprit. Je capture des lumières, des nuées qui s'éveillent, qui s'échappent, qui s'installent sur la toile, je transporte des multitudes, je concrétise des sensations...

Par le rythme organique de ma nature intime, je trouve celui de la montagne. « *Ars imitatur naturam in sua operatione* », disait saint Thomas. « L'art doit imiter la nature dans son mode opératoire. » Or la nature est en nous. Le mode opératoire aussi.

Je m'identifie, je chevauche ces flux, absorbée par une vision entre l'existant et le non-existant. En peignant à grands traits d'encre avec une certaine ivresse, le corps retrouve de lui-même l'élan originel. Par l'ampleur, la fluidité du geste, le tableau physique (le châssis) ne peut contenir cette énergie et je prends grand plaisir à sortir du cadre avec le pinceau, à vouloir que le contemplatif continue le voyage au-delà de la forme concrète de l'œuvre. L'œuvre n'est que l'île de départ pour la grande randonnée.

L'expression spontanée donne comme par magie une vérité existentielle à la peinture. Par le mouvement du pinceau, je suscite une sorte de mutation créatrice. Peut-être est-ce une nécessité intérieure de créer des mondes où l'on ne meurt pas. Où la vie demeure. Transmettre des harmonies subtiles qui soient une énigme sonnant comme une clarté.

Je cherche ce qui est commun à toutes

formes de vie. Matisse parlait de « saisir des vérités courantes »... Un écho révélateur.

Le paysage abstrait est essence musicale, suggestion, unité organique, son, tonalité universelle dans l'espace. Traduire « de soi » la manifestation de la vie propre à la montagne sans avoir à dire montagne. Laisser flotter le mystère. Étincelle de l'esprit. Maître Eckhart nous initiait déjà à cette évidence en son temps : « La forme est la révélation de l'Essence. »

Pour autant que vous puissiez l'expliquer, comment vous préparez-vous ? Recourez-vous à une technique de concentration ?

La concentration, la préparation de l'être avant l'acte de peindre ? Primordiale. Tout se joue là.

Je n'ai pas d'ordonnance idéale ni magique à vous transmettre. Aucune technique particulière. Ce sont mille et un faits et gestes au quotidien qui me plongent dans cet état. En fonction de sa nature, chacun doit trouver des exercices qui lui sont nécessaires pour retrouver une unité intérieure, une réceptivité capable de s'approcher de l'infiniment rien. Il faut parfois plusieurs vies pour y parvenir.

Pour ma part, j'ai besoin de faire le vide par la méditation, ainsi que le vieux maître Huang me l'a enseigné. Par la régulation de la respiration. Par la marche qui oxygène toutes les cellules. Rien ne vaut un bon bol d'air. Laisser son esprit errer dans le rien ! C'est avant tout une attitude de vie au quotidien. Je suis devenue moinesse. La concentration s'acquiert au fil des jours, des mois, des années, par une ascèse rigoureuse.

William Blake a noté qu'il est nécessaire de « nettoyer les portes de la perception ».

Oui, avant de peindre, il faut « balayer » aux portes de l'être. C'est indispensable.

Ayant nettoyé toute volonté, hors humeurs tapageuses. Attentive, réceptive au vivant qui m'entoure. Aucun a priori. Neutre total. Accueillant ce qui se présente. Je m'emploie à dépouiller, affiner, enrichir mes perceptions. Avec cette épaisseur de concentration, au plus près du concret, j'erre dans mes profondeurs. Le vide s'installe doucement en moi, calme les éruptions de la pensée... Je laisse faire le temps tout en travaillant. Je laisse émerger ce qui se présente. Par la répétition constante, l'exigence intérieure, la banalisation apparente des gestes, les certitudes s'effacent. Je suis enfin « libérée ».

C'est alors avec ardeur, une grande ferveur, un amour total, que j'adhère au vide. Dans ce vide, j'abîme ma pensée. Je suis ma propre voie, solitaire et profondément vivante.

Vous avez longtemps travaillé sur des feuilles de papier à la surface restreinte. Vous utilisez maintenant des toiles de grand format. Comment s'est effectué le passage ? Avez-vous eu de la difficulté à vous adapter à ces nouveaux supports ?

Après plusieurs années de pratique, j'ai dû révolutionner ma façon de peindre. Je voulais interpréter une forme circulaire dans l'espace de mes toiles de un mètre quatre-vingts de haut. J'avais beau courir autour du châssis au sol avec mon pinceau de soixante kilos d'encre, je ne pouvais maîtriser l'influx.

À force de destruction et de colère intérieure, l'idée m'est venue de faire fabriquer des châssis à surface dure pour pouvoir marcher sur le tableau. Avec ma combinaison de plongée, me voilà au centre de la toile à vivre l'expérience directe de cet exercice.

Les sumos avant le combat ont un rituel très fort, ils tracent au sol un cercle autour de leur corps. Ce geste circulaire crée leur territoire, leur espace vital. En me situant au milieu du châssis, j'établis ma demeure. Une protection qui laisse la vie surgir du vide comme elle l'entend. Ne plus subir les influences extérieures. La sensation « d'être dans le tableau qui se réalise », n'est-ce pas un peu fou ? Sans doute ce désir qui toujours me hante « d'une fonte du moi dans le grand tout ».

Je vous pose une question difficile. Une question à laquelle il n'y a peut-être pas de réponse. Où naît en vous le geste qui conduit au coup de pinceau inscrivant une forme sur la toile ? Il faut que rien n'entrave la pulsion qui est à l'origine de ce geste.

La naissance du coup de pinceau est un vrai mystère avec lequel je vis quotidiennement. La connaissance de sa genèse est mouvante et sans cesse changeante en moi.

Il existe un espace dans le cœur, révélateur d'*ainsité*. J'en suis quasiment certaine maintenant. Un territoire souverain au sein duquel nos pulsions vitales donnent vie à la matière. Un lieu d'éveil évanescent au sublime du naturel, non à la beauté pensée. Une île d'aventure capable d'intériorité audelà des sentiments, capable de toucher aux vérités immanentes. Là-bas toutes les métamorphoses sont réalisables.

Je me mets à l'écoute de ces rêveries premières, et au plus profond de moi, trouve un « tout-idéal-parfait », une matrice où l'équilibre complet de la vie peut être perçue dans l'expérience immédiate. Mon éthique, c'est la mise en œuvre de cette expression spontanée.

Le pinceau cherche à saisir l'épaisseur de l'instant. Mais saisir la vie fugitive est aussi ardu que de vouloir saisir la joie d'une hirondelle en vol ! C'est une vision ondulante-vagabonde-fluide-impénétrable, subite et pleine d'exaltation. Cette compréhension est rapide comme l'éclair. C'est une connaissance innée-intuitive qui se livre d'elle-même.

Cette part de votre vécu qui passe dans l'œu-
vre, vous la découvrez en l'exprimant ?

Le tableau n'est que le fruit du vécu de
l'expérience intime du peintre. L'esprit, la
chair, la sensualité de l'œuvre révèlent cette
vérité au monde. C'est finalement une sorte
de spiritualité portée par une substance
physique.

Mon souci est de poursuivre l'ascèse avec
constance et grande exigence. Tenter le
dépassement du connu de soi. Offrir une
tentative d'élévation, chercher une autre
dimension. Par l'inspiration, la foi peut-
être... Je crois que cette attitude morale, cet
esprit de rectitude est l'assise de l'œuvre, et
lui donne du sens, de l'épaisseur.

Pour rester concentrée, ne pas troubler le
silence dont vous avez besoin, il faut, n'est-ce
pas, que vous viviez à l'écart, préserviez votre
solitude ?

Oui, mon choix de relation au monde,
c'est la retraite solitaire.

Peu de gens comprennent, encore moins
la famille. Je crois que pour explorer l'in-

time, l'infime, les différents territoires de la conscience, il faut s'éloigner du monde. Oui, pour faire ce retour à l'origine, la disparition est nécessaire.

Y a-t-il d'autre façon de faire le voyage intérieur ? Nicolas de Staël, Morandi, Julius Bissier, vous-même... De sublimes solitudes qui n'ont pu creuser leurs profondeurs qu'en se retirant. Le repli, la vie d'ermitage est pour moi la seule voie possible.

Sur la toile, le geste doit être fulgurant...

Non. Je vous interromps, le geste ne doit surtout pas être « fulgurant ». Le mouvement du flux ne naît pas dans la précipitation d'une érection facile.

C'est très étrange. La trop grande rapidité d'exécution ne peut produire la matière interne nécessaire à la concrétisation du mouvement. Seule une sorte d'instantanéité « retenue » de la pulsion transmet l'énergie vitale. On est dans une totale pauvreté physique, matérielle et intellectuelle. Un abandon d'apparence. Comme un génie subtil, l'esprit mobile nous habite et vient

60

animer le souffle. Le rythme prend alors naturellement corps dans l'espace.

J'essaie d'amener le contemplatif de l'œuvre à se questionner sur la forme comme elle va...

Je vous imagine dans votre atelier. Vous allez entreprendre une toile. Vous avez préparé tout ce qui vous est nécessaire sur le plan maté- riel : toile, pinceau, encre... Vous vous êtes mentalement préparée. Mais à l'instant où le geste va se déclencher, vous arrive-t-il encore d'être prise en tenaille par un ardent désir de réussir et la crainte d'échouer ?

Bien évidemment, je suis souvent prise en tenaille. Je suis en combat quotidien avec ma conscience. C'est un combat que je mène depuis vingt-cinq ans.

Si vous avez un ardent désir de réussir, inutile de prendre son pinceau. Mieux vaut faire le ménage, écosser les petits pois et polir cette belle illusion. Si vous avez la crainte d'échouer, inutile de prendre son pinceau. Mieux vaut aller fendre du bois et retrouver la maîtrise de soi-même. Quand la bûche sera fendue parfaitement dans son fil, vous serez prêt.

Vous ne pouvez œuvrer que quand vous avez une totale possession de tous vos moyens. Il est nécessaire de combiner recueillement et détachement pour avoir une vision claire. Avant d'entreprendre une toile, il n'y a finalement rien à faire. Il n'y a rien à trouver. Il suffit d'être en accord avec le cours des choses.

Je suis d'ailleurs presque au seuil de l'absurde dans ces moments-là.

On met du temps à nourrir cet instant vibrant de vacuité.

Mais soudain, au gré d'humeurs oisives, une silencieuse coïncidence apparaît subitement sur la toile, annihilant toute pensée particulière. La vie s'installe alors comme une évidence pleine de félicité.

Les arts sont proches. Bien qu'ils s'adressent à nous par des voies différentes, nous attendons d'eux qu'ils nous donnent cette émotion qui excite notre activité intérieure, intensifie cette jouissance que nous éprouvons à nous immerger dans la source. Vous êtes peintre, mais aimez-vous la musique ? Et intervient-elle dans votre travail ?

Plus j'avance dans l'exercice de mon art, plus je me rends compte que musique et peinture sont sœurs de « qi ».

Une peinture vivante a un éclat singulier, un rythme, une allure, une vigueur sous-jacente, une tonalité résonnante. D'où vient la nature du souffle qui l'habite ? Comment le transmettre par la voie du pinceau s'il ne se passe rien en moi ? L'inspiration n'est pas toujours au rendez-vous des séances de peinture... Il y a pourtant des aventures qui participent à la création. Pour vivifier ce trait, pour sentir le flux s'animer en mon for intérieur, je me suis initiée seule au chant.

Pour vocaliser comme pour peindre, le plus important, c'est la respiration. J'opère alors en écoutant la voix du plus bel aria de la *Passion selon Saint Matthieu* de Bach, ou le sublime duetto allegro *Inflammatus et accentus* du *Stabat Mater* de Pergolèse. Je me mets ainsi en condition intérieure. Avec appétit, je m'abandonne au recueillement, à l'écoute, à la concentration. Pour le peintre, la musique a des vertus inspirantes et tonifiantes admirables, elle peut éveiller le corps et l'esprit, les mettre en mouvement.

En épousant l'œuvre musicale, j'adhère à une force d'attraction envoûtante. Je place en quelque sorte ma voix sur la mélodie, laissant surgir la sonorité en moi. Je fortifie la tonalité sortante, elle prend de la puissance, elle s'étoffe. Cette mise en route d'un mouvement interne réunifie tous les sens. J'obtiens une dilatation de l'être, celle-là même dont j'ai besoin pour peindre.

Quand le chant s'exprime ainsi, exultant, impétueux, il féconde une puissance créatrice. Il aide à l'éclosion. Le timbre ouvre la portée des rythmes. Mouvements et fluctuations prennent une ampleur efficace et ravivent une vitalité qui éclate au-dedans. Je pénètre et suis pénétrée par la vibration. Éprise d'intensité par l'élan mélodique, je m'oublie totalement en chantant. En proie à une frénésie insouciante, l'âme s'égare, s'éveille, s'évade. J'assiste à un débordement, à une effusion, à une exaltation sans limites.

J'aspire à ce ravissement, cet état de grâce. Habitée par une faculté inconnue, la musique m'aide à éveiller les énergies dormantes. Toutes les puissances de l'être sont ici à l'œuvre, je deviens chef d'orchestre d'une mue profonde. Le chant se réalise au centre de moi-même, il m'élève à la pure intériorité, une liberté me traverse et me procure une joie intense. Je trouve là une source vive pour la peinture.

Igor Stravinski disait de la genèse de la composition musicale : « Suis-je donc obligé de me perdre dans cet abîme de liberté ? » Je me suis inventé cette sorte d'exercice d'incantation. Cet état second où je me tiens là debout sans pourquoi, pleine de souffles à transmettre, ivre d'allégresse, cet état est la préparation nécessaire à l'acte de peindre. La musique m'aide à trouver ce chemin du mystère actif de la réalisation spontanée. En peignant, je décharge alors cette force qui se manifeste naturellement avec ardeur, le trait s'inscrit sur la toile et prend l'aspect dynamique d'une modulation sonore.

Ma peinture est certainement d'essence musicale. Pour moi, il y a une même pratique du principe interne lorsque je donne vie au chant et lorsque je donne vie au trait. L'art n'est-il pas pure énergie vibratoire ?

J'ai pu ainsi remarquer qu'il y a une autre façon de trouver la voie des souffles... C'est de ressentir dans son cœur un heureux événement, d'éprouver un sentiment fort pour un ami que l'on aime, ou bien fêter l'arrivée du printemps qui vous irradie et suscite en vous une efficace impulsion. Vous êtes transporté dans une bienheureuse élévation avec à nouveau « jaillissement et débordement » de gratitude. Si l'on prend son pinceau à ces moments-là, l'encre trouvera seule son destin.

En peinture, le vide est une notion importante. Il est ce fond sur lequel se détachent et demeurent les formes que vous inscrivez sur lui. Ce fond, comment le préparez-vous ? Est-il absolument uniforme ? Et quelle teinte choisissez-vous de lui donner ?

Ma préoccupation première quand je commence une œuvre c'est l'évocation du vide. Au commencement était le vide... Je prends un temps absolu à l'inventer, car il me semble essentiel.

Le fond d'un tableau reflète pour moi l'immensité du vide, l'espace de tous les possibles. Notre maison-mère, la matrice d'où peut naître toutes les substances du monde. J'ai appris à vivre en lui, je l'apprivoise, je le nomme le « Mystérieux », le « Grand Subtil ». J'ai besoin de matérialiser sa chair en couches et sous-couches de présence et d'absence qui fluctuent. Sorte de fluide de mouvances incessantes comme s'il véhiculait des puissances inconnues en métamorphoses perpétuelles. On a l'intuition d'un tissu d'êtres qui naissent et s'évanouissent sans cesse.

Je peins mon vide de tableau comme une parcelle d'univers prête à recevoir... Et je me laisse emporter à observer sa profondeur comme si c'était ma véritable demeure. Je me perds dans son illimité, je plonge dans ses tourbillons, ses remous, ses secousses de vents sans savoir où je vais. J'ignore ce que je contemple, je ne vois pas. Je suis dans le non-visible, et pourtant je laisse advenir au bout du pinceau ce qui cherche à naître. J'ai l'impression d'entrer et de me fondre dans une grande vacuité mouvante.

Une fois ce vide matérialisé sur un fond de tableau, je peux passer des heures, des jours devant, à méditer. Le vide est un espace perturbant de densités impétueuses

et éclatantes. Des émergences, des coïnci-
dences à ne plus savoir où donner de la tête.
On en deviendrait fou. À l'observer sans cesse
surgit « le tout » en manifestation singulière.
C'est une prise de conscience épuisante et
vertigineuse pour le petit corps d'éphémère
que je suis. Mais ne sommes-nous pas
tous nés et gouvernés par le vide, ce grand
« Maître transparent », ce « Presque Rien »
impalpable ?

*Tchouang-tseu que vous avez beaucoup lu
pense que « l'Univers est un », que « tous les
êtres ne font qu'un », et quand il parle du ciel,
du céleste, il ne manque pas de les associer à
la terre, à notre enracinement en elle et en
notre condition. Vous aussi, Fabienne, vous
êtes sensible à l'unité de tout ce qui vit et de
tout ce qui existe – êtres humains, animaux,
végétaux, minéraux... Autrement dit, et pour
rester avec Tchouang-tseu, vous êtes attentive
à la « musique de l'homme », à « celle de la
terre », à « celle du ciel »...*

« L'âme est une étincelle d'essence stel-
laire », disait Héraclite. La peinture n'est-
elle pas de même essence ?

Je peins par la voie de l'abstraction pure, mais les formes inventées résonnent fort bien avec les formes du réel. Notre imagination a une base physiologique qui la lie à la vie de la matière. Celle-ci se retrouve dans tous les êtres et je sens ce qui relie secrètement l'arbre, l'homme, le crapaud, le rocher, la feuille de chou, ma peinture. N'existe-t-il pas un lien de dépendance entre toutes les formes et le ciel ? Je vois l'Univers entier dans l'arbre en bourgeons qui éclatent en voie lactée d'étoiles...

Je reste émerveillée, face à l'inexpliqué qu'est cette grande unité du monde, et je m'attache à la peindre. D'ailleurs les vieux sages chinois me disaient souvent que pour donner vie à une peinture authentique, il fallait que le peintre « suive la voie du ciel ».

Peindre est un affrontement avec soi-même, avec cette réalité interne toujours en mouvement, où des énergies s'entremêlent, se heurtent, parfois se combattent. Il ne doit pas être facile d'ordonner et de donner forme à cette réalité fuyante, complexe, parfois chaotique.

J'entre dans l'espace de la toile de manière presque explosive. Je baigne, je piétine, je glisse dans un affolant fouillis d'encre noire.

La matière d'encre forme une soupe innommable, une sorte d'amalgame confus, opaque et ténébreux. Un état bouillonnant dans lequel interagissent des forces, des énergies que l'on ne peut nommer. Habitée par une force créatrice, une sorte de « montée de sève », il est vrai que je me plonge avec ravissement dans ce foisonnement. Piétinant dans mon bac à encre des jours durant, répétant sans cesse le geste de la vie, détruisant sans cesse par un geste circulaire (sorte de maelström) la forme issue du chaos qui ne me convient pas, je m'égare ainsi et pars à l'aventure...

J'ai appris à vivre la transformation incessante. C'est d'une grande turbulence. Mais avec l'expérience, j'aime cet état quand la surface de la toile se fait brumeuse, j'erre dans ces nuées de particules d'encre flottante, là où circule l'innommé. Dans ce désordre impétueux, je cherche pourtant un ordre caché. L'intention, l'inspiration se fait chair. L'encre insufflée dans l'espace est liquide, au contact de l'air froid elle sèche et se trouve intégrée au réel. La forme se concrétise. L'œuvre est née.

En fin de compte, l'acte de peindre est une vraie tempête, une grosse perturbation, une intervention détonante qui ressemble furieusement à un accident. Ma peinture est certainement issue du chaos. Et je me demande si, finalement, le peintre ne serait pas le modeste témoin des manifestations du vivant.

Ce que vous vous proposez de réaliser doit déterminer l'emploi de tel ou tel matériel ainsi que la manière de l'utiliser. Je vous demande donc : la toile sur laquelle vous allez travailler, est-elle verticale ou horizontale ? Et quels pinceaux choisissez-vous ?

Je pratique un acte de peindre qui n'est pas celui de la peinture occidentale sur chevalet. Je peins à la verticale, le pinceau en accord avec cette tension ciel-terre. La toile à peindre est au sol. L'œuvre se réalise donc au sol, ce que faisait Jackson Pollock, il y a quelques décennies. De la sorte, la peinture n'emprunte pas les mêmes chemins.

Je place mon corps et le pinceau au

zénith, ce fameux point du ciel situé à la verticale. Mon pinceau de deux mètres de haut et qui peut faire jusqu'à soixante kilos lorsqu'il est chargé d'encre, je ne peux le déplacer par mes seules forces. J'ai donc inventé une nouvelle technique pour peindre de grandes œuvres. La seule façon de manier le pinceau dans l'espace est de trouver le point d'accroche « x » sur la masse de celui-ci et de le fixer à un cordage de huit à dix mètres de haut qui descend du faîte du toit de l'atelier. Cette portée magique permet de me déplacer sur mes toiles, libre et sans entraves, sans sentir le poids du pinceau. À l'écoute de cette force verticale attractive et du centre de gravité, je joue avec cet axe.

J'ai d'ailleurs fait construire un atelier spécial autour du pinceau pour pratiquer ce principe et pousser plus loin mes expériences. C'est en quelque sorte également un hommage à Newton, car cet acte de peindre me semble être en accord avec les lois de la pesanteur et le principe de gravitation universelle. Le pinceau devenant un véritable pendule, un lien entre l'Univers et le centre de la terre.

La structure interne des poils du pinceau

a une charge d'encre, c'est l'ancêtre de la cartouche du stylo. Je fabrique maintenant moi-même mes pinceaux. Je me suis rendu compte que les artisans chinois ne confectionnent plus cette réserve mystérieuse au cœur des poils de la touffe du pinceau. Ce sont des techniques qui remontent aux Tang (618-907) et aux Song (960-1279). Mais elles sont maintenant abandonnées. Les artisans façonnent aujourd'hui le pinceau avec la méthode du *Hunjiefa* (montage de crins mêlés en couches mélangées) et non plus celle de ces époques lointaines du *Juanxinfa* (montage du cœur enrobé). Le « cœur enrobé » est un montage de différents manteaux de crin de cheval autour d'une longue touffe centrale, montage destiné à créer au centre un réservoir naturel d'encre. Là était la connaissance subtile des anciens.

J'ai eu la chance d'être initiée à ce secret de fabrication par un « trésor national » au Japon, Maître Akeji. Il dit qu'un pinceau monté en *Juanxinfa* possède une « pointe sacrée » et que peu de pinceaux au monde fonctionnent ainsi aujourd'hui... Grâce à la présence de cette réserve intérieure, sous la force attractive de la gravitation, il y a adhésion de la charge d'encre au cœur des poils du pinceau. Donc moi, le pinceau et l'encre formons une sorte de cohésion, une charge de puissance d'encre qui donne vie à la peinture sur une certaine longueur.

Les deux pinceaux sont loin de nourrir l'œuvre de la même manière. Celui qui est en montage *Hunjiefa* aura l'indépendance du tracé d'un ou deux sourcils d'une belle endormie avant de devoir bien vite se regorger d'encre, alors que celui qui est en montage *Juanxinfa* pourra parcourir une ligne de crête d'un paysage de quatre mètres sans avoir à se recharger !! Avec le pinceau à la « pointe sacrée », la matière de l'élan vital trouve dans son expression le sublime du naturel. C'est vertigineux de beauté.

Les scientifiques ne cherchent-ils pas à mettre en équation la presque impensable unité du monde ? N'osent-ils pas même penser que l'Univers pourrait être résumé par une équation du mouvement ? Eh bien moi, apprentie peintre, je suis habitée par une peu commune folie. Je cherche éperdument dans mon coup de pinceau ce mouvement d'un Univers épuré...

OUVRAGES DE FABIENNE VERDIER

AUX ÉDITIONS ALBIN MICHEL

Les Carnets du calligraphe. Poésie chinoise
L'Unique Trait de pinceau
Passagère du silence
Entre Ciel et Terre

AUX ÉDITIONS VOIX D'ENCRE

Quand les pierres font signe
La forme des pierres après le passage du vent

AUX ÉDITIONS PAROLE D'AUBE

Rêves de pierre

AUX ÉDITIONS LIVRE DE POCHE

Passagère du silence

OUVRAGES DE CHARLES JULIET

AUX ÉDITIONS P.O.L.

Au pays du long nuage blanc, Journal
Cézanne. Un grand vivant
L'Opulence de la nuit, poèmes

AUX ÉDITIONS ARFUYEN

L'Autre Chemin, poèmes
Bribes pour un double

AUX ÉDITIONS MAEGHT

Bram Van Velde, monographie (avec Jacques
  Putman)
Bram Van Velde (collection « Carnets de
  voyage »)

AUX ÉDITIONS LA PASSE DU VENT

Trouver la source, suivi de *Échanges*

AUX ÉDITIONS L'ÉCHOPPE

Entretien avec Pierre Soulages
Jean Reverzy
Entretien avec Raoul Ubac
Chez François Dilasser
Shitao et Cézanne

AUX ÉDITIONS DIABASE

D'une rive à l'autre

AUX ÉDITIONS FLOHIC

Charles Juliet en son parcours (avec Rodolphe
   Barry)

AUX ÉDITIONS ARLÉA

Mes chemins, entretien

AUX ÉDITIONS BAYARD

Ce long périple
Sagesse et blessures : reflexions sur l'Ecclésiaste
   et Tchouang-tseu

AUX ÉDITIONS JACQUES BRÉMOND

Failles, nouvelles

AUX ÉDITIONS JEAN-MICHEL PLACE

La Conquête dans l'obscur, choix de poèmes

AUX ÉDITIONS DU REGARD

Eugène Leroy

AUX ÉDITIONS DES FEMMES

L'Incessant, lu par l'auteur et Nicole Garcia,
   suivi de poèmes lus par l'auteur

Composition Nord Compo
Impression : Imprimerie Floch, février 2012
Éditions Albin Michel
22, rue Huyghens, 75014 Paris
www.albin-michel.fr
ISBN : 978-2-226-18066-7
N° d'édition : 17908/07 – N° d'impression : 81775
Dépôt légal : novembre 2007
Imprimé en France